STATIONEN 4

Materialien für den Religionsunterricht in der Sekundarstufe I

Im Auftrag des Amtes für Religionsunterricht der Evangelischen Kirche der Pfalz

herausgegeben von

Gerhard Baumann

Rudolf Kühne

Gebhard Neumüller

Ulrich Pasedach

Heft 4: **Juden und Christen**

erarbeitet von

Herbert Jochum

Rudolf Kühne

Ulrich Pasedach

Inhalt:

ZERSTREUUNG UND HEIMKEHR

NACH AUSCHWITZ

WAS CHRISTEN UND JUDEN VERBINDET

WAS ZUR TRENNUNG FÜHRTE

AUF DEM WEG ZUEINANDER

ZERSTREUUNG UND HEIMKEHR

1 Judenfeindschaft heute

Nr. 211 - DIE RHEINPFALZ

Dienstag, 11. September 1979
Jahrgang 35, Nr. 211 *

Jüdischer Friedhof verwüstet

Noch völlig rätselhaft sind die Motive und Hintergründe der Verwüstungen, die am Sonntag auf dem jüdischen Friedhof von Steinbach, Kreis Kusel, entdeckt wurden. In dem Friedhof, der etwa einen Kilometer vom Ortsrand entfernt liegt, sind nach Angaben der Polizei offenbar in der Nacht zum Sonntag 113 Grabsteine umgestürzt und teilweise beschädigt worden (unser Bild). Weder am Tatort noch in der Umgebung konnten irgendwelche Spuren gesichtet werden, die Aufschluß auf die Täter geben könnten. Vorsorglich wurden die sechs jüdischen Friedhöfe innerhalb des Kreises Kusel vorübergehend unter polizeiliche Beobachtung gestellt. Die Staatsanwaltschaft Kaiserslautern hat gestern ein Ermittlungsverfahren gegen Unbekannt wegen gemeinschädlicher Sachbeschädigung eingeleitet. Gleichzeitig setzte Leitender Oberstaatsanwalt Schnarr für Hinweise, die zur Ergreifung der Täter führen, eine Belohnung von 3000 Mark aus.

mhü / Foto: Feuchtner

Aus dem Bericht oben geht hervor, daß die Polizei keine sichere Kenntnis von den Tätern und ihren Motiven hat. Vielleicht habt ihr auf Grund ähnlicher Zeitungsmeldungen Vermutungen

– wer die Täter sein könnten: ______________________

____

____

____

– was sie zur Tat veranlaßt hat: ______________________

____

____

____

2 Judenfeindschaft in der Geschichte

In der Geschichte wurden gegen die Juden schwere Vorwürfe erhoben. Einige findet ihr in den Bildern. Ordnet sie den Texten zu und setzt euch damit auseinander!

A

C

B

D

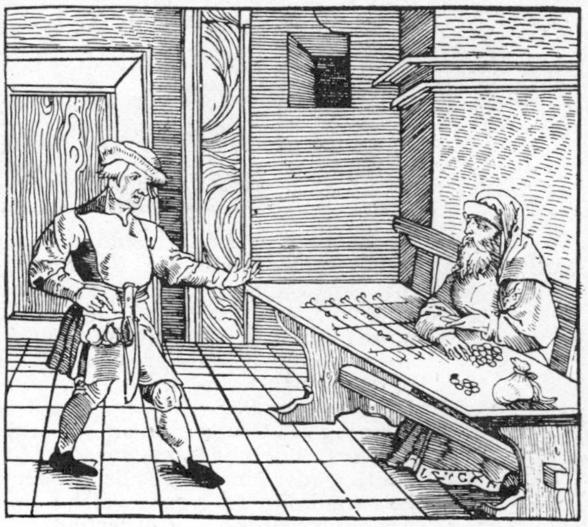

1. Im Mittelalter wurden die Juden häufig des Hostienfrevels verdächtigt. Nach katholischer Lehre verwandelt sich die Hostie (vergleichbar dem Abendmahlsbrot in der evangelischen Kirche) unter den Worten des Priesters in den Leib Christi. Man nahm an, daß die Juden die Hinrichtung Jesu an der Hostie symbolhaft wiederholten. Angeblich habe man häufig Blutflecken an diesen Hostien entdeckt, die diesen Verdacht erhärteten. ◯
2. Besonders um die Osterzeit (wenn die Juden das Pessachfest begehen) wurden die Juden häufig verdächtigt, christliche Jungen entführt und geschlachtet zu haben. Man nahm an, daß sie das Blut dieser Kinder für gottesdienstliche Zwecke benützten. ◯
3. Die mittelalterliche Gesellschaft ließ die Juden nur wenige Berufe ausüben. Sie durften weder Grund und Boden besitzen noch ein Handwerk erlernen. ◯
4. Im Jahre 1095 brachen die Kreuzfahrer auf, um ins Heilige Land zu ziehen. In einem zeitgenössischen Bericht heißt es über diesen ersten Kreuzzug: „Als sie nun auf ihrem Zuge durch die Städte kamen, in denen Juden wohnten, sprachen sie in ihrem Herzen: „Sehet, wir ziehen dahin, das heilige Grab aufzusuchen und Rache an den Ismaeliten (= Moslems) zu üben; und hier sind die Juden, die ihn umgebracht und gekreuzigt haben ohne Grund. Lasset zuerst an ihnen uns Rache nehmen und sie austilgen, so daß sie kein Volk mehr bilden, daß der Name Israel nicht mehr erwähnt werde; oder sie sollen unseresgleichen werden und sie sollen zu unserem Glauben sich bekennen . . .“ ◯

Hostienfrevel (Holzschnitt aus dem Jahre 1480)

1. Christoff Eisengreisshamer, ein Christ, stiehlt acht geweihte Hostien aus der Marienkirche in Passau.
2. Er verkauft sie den Juden, die man an ihrem Judenfleck erkennen kann, für einen Gulden.
3. Die Juden nehmen die Hostien mit in ihre Synagoge.
4. Sie durchstechen die Hostien und wiederholen damit die Kreuzigung. Die Hostien bluten.
5. Sie schicken einige Hostien nach Prag und Salzburg.
6. Als sie die restlichen Hostien verbrennen wollen, erscheint das Gesicht eines Kindes darauf. Zwei Engel und zwei Tauben entsteigen dem Ofen.
7. Die Passauer Juden, die die Hostien entweiht haben, werden gefangengenommen.
8. Sie werden vor Gericht gestellt und verurteilt; zwei werden enthauptet.
9. Die anderen werden mit glühenden Zangen gefoltert und verbrannt.
10. Alle Juden, die um den Hostienfrevel wußten, kamen auf den Scheiterhaufen.
11. Christoff wird mit glühenden Zangen in Stücke gerissen.
12. Die Synagoge wird in eine Kirche verwandelt.

Wie konnte es zur Anklage des Hostienfrevels kommen?

Hans Peter Richter: Damals war es Friedrich

Die Schulglocke läutete. Mit dem letzten Ton klappte Lehrer Neudorf das Buch zu und erhob sich . . .: "Ihr habt in der letzten Zeit viel von Juden gehört, nicht wahr? Heute habe auch ich einen Grund zu euch über Juden zu reden." Wir nickten und beugten uns vor, um besser lauschen zu können. Einzelne stützten das Kinn auf ihre Schultaschen. Man hörte nichts mehr. Lehrer Neudorf stieß eine blaue Wolke durftenden Rauchs zur Decke empor. Nach einer Pause begann er wieder: „Vor zweitausend Jahren lebten alle Juden in dem Lande, das heute Palästina heißt, die Juden nennen es Israel. Die Römer beherrschten das Land durch ihre Statthalter und Landpfleger. Aber die Juden mochten sich der Fremdherrschaft nicht beugen. Sie empörten sich gegen die Römer. Die Römer schlugen den Aufstand nieder und zerstörten im Jahre 70 nach Christus den Tempel zu Jerusalem. Die Aufrührer verbannten sie nach Spanien oder an den Rhein. Ein Menschenalter später wagten die Juden wieder eine Erhebung. Diesmal machten die Römer Jerusalem dem Erdboden gleich. Die Juden mußten fliehen oder wurden vertrieben. Sie verteilten sich über die ganze Erde.

Viele brachten es zu Wohlstand und Ansehen, bis man zu den Kreuzzügen aufrief. Ungläubige hatten das Heilige Land erobert und verwehrten den Zugang zu den Gedenkstätten der Christen. Wortgewaltige Prediger forderten die Befreiung des Heiligen Grabes; Tausende von Entflammten sammelten sich zum Kreuzzug. Einige aber erklärten: „Was nützt es, wenn wir gegen die Ungläubigen im Heiligen Land ausrücken, solange auch noch Ungläubige mitten unter uns leben!" Damit begann die Verfolgung der Juden. An vielen Orten trieb man sie zusammen, mordete und verbrannte sie. Unter Zwang schleifte man sie zur Taufe; wer sich nicht taufen ließ, wurde gefoltert. Zu Hunderten nahmen sich die Juden selber das Leben, um dem Gemetzel zu entgehen. Wer fliehen konnte, floh.

Als die Verfolgung vorüber war, ließen verarmte Fürsten ihre jüdischen Untertanen gefangensetzen und ohne Gerichtsurteil hinrichten, um sich an ihren Besitztümern zu bereichern. Wieder flüchteten viele Juden. Diesmal nach Osten. In Polen und Rußland fanden sie eine neue Bleibe. Aber im vorigen Jahrhundert begann man auch dort, sie zu quälen und zu verfolgen. Die Juden mußten in sogenannten Ghettos, den Judengassen, wohnen. Sie durften keine „ehrlichen" Berufe ergreifen; Handwerker konnten sie nicht werden. Haus und Grundbesitz zu haben, war ihnen verboten. Nur im Handel und Geldverleih durften sie sich betätigen.

Es gibt viele Menschen, die Juden nicht mögen: Die Juden kommen ihnen fremd und unheimlich vor; man traut ihnen alles Schlechte zu, nur weil man sie nicht genügend kennt!" Aufmerksam folgten wir der Erzählung. Es war so still, daß wir Lehrer Neudorfs Schuhsohlen knarren hörten. Alle schauten ihn an; nur Friedrich blickte vor sich hin auf seine Hände . . . „Man behauptet, die Juden seien geldgierig und betrügerisch! Müssen sie das nicht sein? Immer wieder hat man sie beraubt und enteignet, immer wieder mußten sie auf der Flucht alles zurücklassen, was sie besaßen. Sie haben erfahren, daß Geld das einzige Mittel ist, mit dem sie sich notfalls Leben und Unversehrtheit erkaufen können. Eines aber müssen selbst die ärgsten Judenfeinde zugeben: Die Juden sind tüchtig! Nur Tüchtige können zweitausend Jahre Verfolgung durchstehen. Indem sie mehr und Besseres leisteten als die Menschen, unter denen sie lebten, errangen die Juden immer wieder Ansehen und Geltung. Viele große Gelehrte und Künstler waren und sind Juden. Wenn ihr heute und morgen erlebt, wie man die Juden mißachtet, dann bedenkt eines: „Juden sind Menschen, Menschen wie wir!"

Ohne uns anzusehen, nahm Lehrer Neudorf seine Pfeife. Er kratzte die Asche aus dem Pfeifenkopf und brannte den restlichen Tabak neu an. Nach einigen Zügen fragte er: „Nun wollt ihr sicher wissen, warum ich euch dies alles erzählt habe?" Er stellte sich neben Friedrichs Platz und legte Friedrich seine Hand auf die Schulter. „Einer von euch wird unsere Schule verlassen. Friedrich Schneider soll unsere Schule nicht mehr besuchen; er muß in eine jüdische Schule überwechseln, weil er jüdischen Glaubens ist. Wenn Friedrich in eine jüdische Schule muß, dann ist das keine Bestrafung, nur eine Veränderung. Ich hoffe, ihr versteht das und bleibt Friedrichs Freunde, so wie ich sein Freund bleibe, wenn er auch nicht mehr meine Klasse besucht. Vielleicht wird Friedrich gute Freunde brauchen."

Lehrer Neudorf faßte Friedrich bei den Schultern, und er drehte ihn so, daß Friedrich ihn anschauen mußte. „Ich wünsche dir alles Gute, Friedrich!" sagte der Lehrer, „und auf Wiedersehen!" Friedrich senkte den Kopf. Leise antwortete er: „Auf Wiedersehen!"

1. *Stelle in einer Übersicht die Etappen der Unterdrückungen und Verfolgungen zusammen.*

2. *Welche Vorwürfe werden gegen die Juden immer wieder erhoben? Versuche ihre Entstehung zu erklären. Setz dich mit ihnen auseinander. Ziehe zum Vergleich auch die Bilder S. 4/5 heran!*

3. *Beschreibe, was in Friedrich beim Schulwechsel (im Jahre 1934) vorgegangen sein könnte. –Beurteile das Verhalten des Lehrers gegenüber Friedrich und der Klasse.*

3 Judenverfolgung im Dritten Reich

Am Morgen des 7. 11. 1938 wurde der Gesandtschaftsrat Ernst vom Rath in der deutschen Botschaft in Paris niedergeschossen. Täter war ein junger deutsch-polnischer Jude, der durch dieses Attentat auf das schwere Schicksal seiner Familie aufmerksam machen wollte. Der Tod des Gesandtschaftsrats lieferte der nationalsozialistischen Regierung einen willkommenen Anlaß, gewaltsam gegen die Juden vorzugehen.

Hans Peter Richter schildert dieses Ereignis in seinem Buch:

Mutter wartete schon. Sie guckte mich an, sagte aber nichts. Ich verriet nicht, wo ich mich herumgetrieben hatte. Mutter holte die Suppe und tischte auf. Ich begann zu essen. In diesem Augenblick johlte es vor unserem Hause. Polternd wurde die Tür aufgestoßen. Herr Resch schimpfte kläffend. Lärmend stiegen viele Menschen die Treppen hoch, an unserer Türe vorbei, höher. Schneiders Tür brach krachend auf. „Was ist das?" fragte Mutter blaß und entsetzt. Wir hörten einen Schrei – Frau Schneider! Dumpf fiel etwas zu Boden. Eine Männerstimme fluchte. Friedrich brüllte, dann heulte er verzweifelt. Ich warf den Löffel hin und rannte zur Tür. „Bleib hier!" jammerte Mutter. Ich stürmte die Treppe empor. Schneiders Tür pendelte in einer Angel. Die Glasfüllung war ausgesplittert. In der Küche lag Frau Schneider mit blauen Lippen schwer atmend auf dem Fußboden. Friedrich hatte eine Beule an der Stirn. Er beugte sich über seine Mutter. Flüsternd redete er ihr zu. Mich bemerkte er gar nicht. Ein Mann schritt über Frau Schneiders Füße hinweg, ohne hinzuschauen. Er kippte einen großen Besteckkasten aus dem Fenster. Im Wohnzimmer zerschlug eine Frau Porzellanteller. „Meißner!" nickte sie anerkennend als sie mich sah. Eine andere zerfetzte mit Herrn Schneiders Brieföffner alle Bilder in der Wohnung. Neben Herrn Schneiders Bücherschrank stand ein dunkelhaariger Riese. Band für Band nahm er vom Bord. Jedes Buch packte er bei den Einbanddecken und riß es in der Mitte auseinander. „Mach das mal nach!" lachte er prahlend. In Friedrichs Zimmer versuchte ein Mann, das Bettgestell als Ganzes durch das Fenster zu schieben. „Komm", forderte er mich auf, „Tu mit!" Ich schlich wieder hinunter.

Mutter spähte zitternd durch einen Türspalt. Ängstlich zog sie mich in die Wohnung. Sie schob mich schweigend in das Wohnzimmer. Wir stellten uns an das Fenster und blickten auf die Straße. Über uns tobte und stampfte es noch immer. „Juda verrecke!" kreischte eine Frau draußen; es war unsere Zeitungsfrau. Ein Sessel rutschte am Fenster vorbei und plumpste in die Rosenstöcke des Vorgartens.
Da begann Mutter laut zu weinen.
Ich weinte mit.

1. *Gab es in eurer Gegend früher eine Synagoge?*

– wo stand sie? ______________________________

____

____

–was steht heute dort? ______________________________

____

____

– was erinnert daran? ______________________________

____

____

2. *Gab es früher jüdische Familien hier? Was ist – von Verwandten, Bekannten und Nachbarn – über ihr Schicksal zu erfahren?*

____

____

____

____

____

3. *Gibt es noch Menschen in eurem Ort, die erzählen können, was mit den Juden 1938 und in den Jahren danach geschah?* ______________________________

____

____

____

____

____

1933

Der „friedliche" Terror
Als Hitler am 30. 1. 1933 Reichskanzler wurde, erlangten die Nationalsozialisten die Macht, um gegen die Juden in Deutschland vorgehen zu können. Am 1. 4. 1933 rief die neue Regierung zum Boykott jüdischer Geschäfte, Ärzte und Rechtsanwälte auf. Wenig später begann man, auf gesetzlichem Weg Juden aus allen Bereichen des öffentlichen Lebens auszuschalten.

1935

Die Nürnberger Gesetze und ihre Folgen
Die Nürnberger Gesetze unterschieden zwischen Staatsangehörigkeit und Reichsbürgerschaft. Volle bürgerliche Rechte konnten nur noch „Staatsangehörige deutschen oder artverwandten Blutes" in Anspruch nehmen. Juden wurden diese Rechte abgesprochen. Gleichzeitig untersagten die Nürnberger Gesetze die Eheschließung zwischen Juden und Nichtjuden.

1938

Die „Reichskristallnacht" und die Ausschaltung der Juden aus dem wirtschaftlichen Leben
Mit der „Reichskristallnacht" kam es zur Ausschaltung der Juden aus dem wirtschaftlichen Leben Deutschlands. Synagogen und jüdische Geschäfte wurden zerstört, vermögende Juden verhaftet und in Konzentrationslager gebracht. Den Juden wurde die „Wiedergutmachung" der Schäden und eine „Buße" von über 1 Milliarde Mark auferlegt. Schließlich wurden sie zur Aufgabe ihrer Unternehmen, Betriebe und Geschäfte gezwungen. Vor Kriegsbeginn gelang es noch einem Teil zu entkommen.

1940 – 1945

Abtransport und Vernichtung
Bald wurde ihnen die Ausreise verboten. Sie wurden gejagt und in die Enge getrieben. Man verfolgte sie in ganz Europa, sammelte sie in Lagern und brachte sie in die Gaskammern.

4 Sehnsucht nach Zion

- In einem wichtigen jüdischen Gebet heißt es: „Stoß in die große Posaune zu unserer Befreiung, und erhebe das Zeichen, unsere Verbannten zu sammeln; sammle uns alle von den vier Enden der Erde. Gepriesen seist du, Ewiger, der die Zerstreuten seines Volkes Israel sammelt."
- Die jährliche Pessachfeier schließt mit dem Ruf: „Nächstes Jahr in Jerusalem!"
- Jahrhundertelang wurde eine jüdische Hochzeit so angekündigt: „Der Isaak und die Mirjam haben sich verlobt, die Hochzeit soll am 15. Juli in Jerusalem stattfinden. Sollten wir bis dahin nicht dort sein, dann wird sie in .... stattfinden."
- Juden kamen am Ende ihres Lebens oft nach Jerusalem, um hier zu sterben und begraben zu werden. War dies nicht möglich, legte man wenigstens Erde des verheißenen Landes auf die Augen der Verstorbenen.
- Gegenüber dem Eingang der jüdischen Wohnung soll eine kahle Stelle an die nicht endende Trauer um Zion erinnern.
- Alle Synagogen der Welt sind nach Jerusalem ausgerichtet.

Das Wort Zion bezeichnet ursprünglich den Südosthügel Jerusalems. Nachdem David Jerusalem erobert und zur Hauptstadt seines Reiches gemacht und sein Sohn Salomo den Tempel errichtet hatte, wurde der Begriff auf den Tempelberg, später auf Jerusalem und sogar das ganze Land ausgedehnt.

Seit der Verheißung Gottes an Abraham hat das Land für die Juden religiöse Bedeutung. Die politischen Ereignisse brachten es mit sich, daß die Juden häufig nicht in diesem Land leben konnten.

Als die Babylonier im Jahre 586 v. Chr. das Südreich Juda eroberten (das Nordreich war bereits 722 v. Chr. von den Assyrern eingenommen worden), wurden die führenden Kreise nach Babylon in die Verbannung geschickt. Fern ihrer Heimat haben sie die Sehnsucht nach dem versprochenen Land bewahrt.

Einige Jahrzehnte später durften die Verbannten wieder in ihre Heimat zurückkehren. Ein Teil der in Babylonien lebenden Juden machte von diesem Recht Gebrauch, andere blieben in ihrer neuen Heimat. Von nun an lebten Juden sowohl im Land ihrer Väter als auch in der Zerstreuung (Diaspora).

Man schätzt, daß zur Zeit Jesu etwa 4 1/2 Millionen Juden im römischen Reich lebten, wobei in Palästina nicht einmal eine Million wohnten. Trotz Eroberungen und Verwüstungen gab es immer jüdische Siedlungen im Land. In der Diaspora lebende Juden haben die Sehnsucht nach Zion nicht aufgegeben.

Jerusalem-Lied

Einzelne — Naomi Shemer-Sapir

2. Die Mauern sind aus schweren Steinen, Kerker, die gesprengt, von den Grenzen, von den Gräbern, aus der Last der Welt. Die Tore sind aus reinen Perlen, Tränen, die gezählt. Gott wusch sie aus unsern Augen daß wir fröhlich sind.
Refr.: In deinen Toren werd ich stehen . . .

3. Die Brunnen, wie sie überfließen in den Straßen aus Gold. Durst und Staub der langen Reise wer denkt daran zurück. Noch klarer als die Sonnenstrahlen ist Gottes Angesicht. Seine Hütte bei den Menschen mitten unter uns.
Refr.: In deinen Toren werd ich stehen . . .

Text: Christine Heuser

Klage der Gefangenen zu Babel

137 1 An den Wassern zu Babel saßen wir und weinten,
wenn wir an Zion gedachten.
2 Unsere Harfen hängten wir
an die Weiden dort im Lande.
3 Denn die uns gefangen hielten,
hießen uns dort singen
und in unserm Heulen fröhlich sein:
»Singet uns ein Lied von Zion!«
4 Wie könnten wir des HERRN Lied singen
in fremdem Lande?
5 [a]Vergesse ich dich, Jerusalem,
so verdorre meine Rechte.
6 Meine Zunge soll an meinem Gaumen kleben,
wenn ich deiner nicht gedenke,
wenn ich nicht lasse Jerusalem
meine höchste Freude sein.

Vergleiche Lied und Psalm.

5 Staat Israel

Die Zionsehnsucht der Juden nahm konkrete politische Gestalt an, als im 19. Jahrhundert vor allem in den osteuropäischen Ländern schwere Verfolgungen einsetzten. Viele verloren die Hoffnung, sie könnten unter den Völkern, unter denen sie lebten, eine wirkliche Heimat finden. So begannen seit den 80er Jahren kleine Gruppen von Juden mit der Besiedlung der meist brach liegenden Gebiete Palästinas. 1897 forderte der Wiener Journalist Theodor Herzl in der Schrift „Der Judenstaat" und ein Jahr später auf dem Zionistenkongreß in Basel für die Juden eine bleibende Heimstätte im Lande ihrer Väter. Während diese Gedanken bei den Juden Osteuropas zumeist Zustimmung fanden, wollten viele westeuropäische Juden von der Gründung eines eigenen jüdischen Staates nichts wissen. Sie fühlten sich als deutsche und französische Staatsbürger „mosaischen Glaubens" und dachten nicht daran, nach Palästina auszuwandern.

Zur Errichtung einer nationalen Heimstätte kam es erst nach dem Zweiten Weltkrieg mit der Gründung des Staates Israel. Die Besiedlung des Landes und vor allem die Staatsgründung zogen schwere Konflikte mit der arabischen Bevölkerung nach sich, die sich als ansässig betrachtete und von den Einwanderern vertrieben fühlte.

„Die Juden haben Christus erschlagen und wurden dafür von den Römern erschlagen und über die Erdoberfläche zerstreut.
(Der Kirchenvater Augustin 354 – 430)

"Die fortdauernde Existenz des jüdischen Volkes, seine Heimkehr in das Land der Verheißung und auch die Errichtung des Staates Israel sind Zeichen der Treue Gottes gegenüber seinem Volk."
(Synode der Evang. Kirche im Rheinland 1980)

1. *Auf welches geschichtliche Ereignis bezieht sich Augustin? – Wie deutet er es? Was spricht gegen eine solche Deutung?*

2. *Auf welche Ereignisse bezieht sich die Synode? – Wie versteht sie diese?*

NACH AUSCHWITZ

In den ersten Jahren nach der Katastrophe des 2. Weltkrieges sorgten die Menschen sich vor allem um das tägliche Brot. Die mühselige Arbeit beim Wiederaufbau des zerstörten Landes nahm sie sehr in Anspruch. Dabei vergaßen manche schnell, was vorher gewesen war. Andere verdrängten unliebsame Erinnerungen und schwiegen sich aus. Diejenigen, die doch davon sprachen, hatten vielfältige Erklärungen bei der Hand oder beschuldigten andere. Wenige nur bekannten sich zu ihrer Schuld. Eine gründliche Auseinandersetzung mit der Vergangenheit wurde so erschwert.

Will man jedoch eine Wiederholung ausschließen, muß man sich vielen Fragen stellen:

- Wie konnte es dazu kommen? Wo liegen die Ursachen?
- Wann begann es? Warum haben die Menschen sich so verhalten?
- Wie sollen wir mit diesem Teil unserer Geschichte umgehen?
- Ist Auschwitz heute unmöglich?

6 Jude sein nach Auschwitz

Die Juden wurden die eigentlichen Opfer der Naziherrschaft. Die Überlebenden versuchen den millionenfachen Mord an ihrem Volk mit dem Glauben an Gott in Einklang zu bringen. Das ist sehr schwer. Einige haben das Vertrauen auf den gütigen Vater im Himmel verloren, andere sehen in Auschwitz ein Zeichen der Gottesferne, ja der Gottesfinsternis. Wieder andere verstehen den Versuch, alle Juden zu vernichten („Holocaust"), als Verpflichtung zum jüdischen Leben. Fromme Juden begreifen Auschwitz als Last der Erwählung, die sie zur „Heiligung Seines Namens" tragen müssen. Sie stellen die Ereignisse der jüngsten Geschichte in die Reihe der großen Verfolgungen und vergleichen die Bedeutung des „Holocaust" mit der Zerstörung Jerusalems.

Suche die verschiedenen Reaktionen und Deutungsversuche heraus und trage sie hier ein.

1. ______________________________
2. ______________________________
3. ______________________________
4. ______________________________
5. ______________________________
6. ______________________________

Eine andere Möglichkeit, ihr Schicksal zu deuten, besteht in der Erinnerung an große Gestalten der jüdischen Glaubensgeschichte.

Das Volk Israel
als ABEL

Lest Gen 4,1 - 16!

Das Volk Israel
als ISAAK

Lest Gen 22,1-19!

Das Volk Israel
als IJOB

Lest Ijob 10.1-22!

Das Volk Israel
als
leidender
Gottesknecht
Lest Jes 53,1-12!

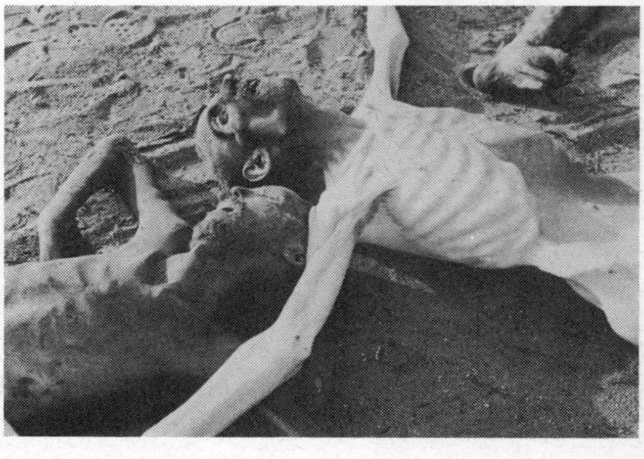

7 Christ sein nach Auschwitz

Es gibt Christen, deren Gottesglaube durch Auschwitz in Frage gestellt ist. Durfte Gott das alles zulassen? fragen sie. Sind nicht alle Christen damals schuldig geworden? Haben nicht die Kirchen völlig versagt?

Wir wissen, daß Christen sich unter Opfern und Gefahren für Juden einsetzten. Es waren nur sehr wenige. Wir wissen, daß von den Kirchen Hilfe zur Rettung jüdischer Mitbürger kam. Aber insgesamt dachten sie mehr an ihre eigenen Interessen. Vor allem Juden fragen uns heute: Waren es nicht getaufte Christen, die zusahen, wie Berufsverbote verhängt, jüdische Geschäfte zerstört, Synagogen angezündet, Juden verhaftet und abtransportiert wurden? Waren es nicht getaufte und christlich erzogene Menschen, die Lager gebaut, Züge dorthin gesteuert, tödliches Gas geliefert haben? Haben sie nicht auch gequält, gefoltert und gemordet?

Die Landessynode der Evangelischen Kirche im Rheinland erklärte 1980:

> „Wir bekennen betroffen die Mitverantwortung und Schuld der Christenheit in Deutschland am Holocaust."

In einem Johannes XXIII. zugeschriebenen Gebet heißt es:

> „Wir erkennen nun, daß viele Jahrhunderte der Blindheit unsere Augen bedeckt haben, so daß wir die Schönheit Deines auserwählten Volkes nicht mehr sehen und in seinem Gesicht nicht mehr die Züge unseres erstgeborenen Bruders wiedererkennen. Wir erkennen, daß das Kainszeichen auf unserer Stirn steht. Jahrhundertelang hat Abel darniedergelegen in Blut und Tränen, weil wir Deine Liebe vergaßen. Vergib uns die Verfluchung, die wir zu Unrecht aussprachen über den Namen der Juden. Vergib uns, daß wir Dich in ihrem Fleische zum zweiten Male kreuzigten . . . Denn wir wußten nicht, was wir taten . . ."

1. *Stellt der Völkermord an den Juden das bisher größte Versagen der Christen dar, wie manchmal behauptet wird?*

---

2. *Welche Überzeugungen und Verhaltensweisen müßten überprüft und geändert werden?*

Es gibt Christen, die den Tod der Juden in Auschwitz mit dem Kreuzestod Jesu in Verbindung bringen. Johannes Paul II. z. B. nannte bei seinem Polenbesuch 1980 Auschwitz „das Golgota unserer Zeit".

Lies dazu die beiden Texte!

Zusammen mit Jesus kreuzigten sie zwei Räuber, den einen rechts von ihm, den anderen links . . .

Als die sechste Stunde kam, brach über das ganze Land eine Finsternis herein. Sie dauerte bis zur neunten Stunde. Und in der neunten Stunde rief Jesus mit lauter Stimme: Eloi, Eloi, lema sabachtani? d. h. übersetzt: Mein Gott, mein Gott, warum hast du mich verlassen? . . . Dann hauchte er den Geist aus . . .

Als der Hauptmann, der Jesus gegenüberstand, ihn auf diese Weise sterben sah, sagte er: Wahrhaftig, dieser Mensch war Gottes Sohn.

(Mk 15, 17. 33 – 39)

Elie Wiesel, ein Überlebender von Auschwitz, berichtet von einer Hinrichtung im Lager:

Die drei Verurteilten stiegen zusammen auf ihre Stühle . . . "Wo ist Gott, wo ist er?" fragte jemand hinter mir. Auf ein Zeichen des Lagerchefs kippten die Stühle um. Absolutes Schweigen herrschte im ganzen Lager. Am Horizont ging die Sonne unter . . . Wir weinten . . . Dann begann der Vorbeimarsch. Die beiden Erwachsenen lebten nicht mehr . . . der leichte Knabe lebte noch . . . Mehr als eine halbe Stunde hing er so und kämpfte vor unseren Augen zwischen Leben und Sterben seinen Todeskampf . . . Hinter mir hörte ich denselben Mann fragen: „Wo ist Gott?" Und ich hörte eine Stimme in mir antworten: „Wo er ist? Dort – dort hängt er, am Galgen . . ."

1. *Vergleiche das Schicksal Jesu mit dem des jüdischen Jungen. Suche Gemeinsamkeiten und Unterschiede heraus!*

2. *Welche Aussagen machen die letzten Sätze beider Texte über Jesus, den Jungen und Gott?*

WAS CHRISTEN UND JUDEN VERBINDET

8 Die Bibel

Die ersten Christen kannten die Bibel noch nicht in der Form, wie sie uns heute vorliegt. Wie alle Juden besaßen sie die Schriften, die im wesentlichen dem heutigen „Alten Testament" entsprechen. In den urchristlichen Gemeinden sind Evangelien und Briefe entstanden, die wesentlich später zum „Neuen Testament" wurden. Es ist Bestandteil nur der christlichen Bibel.

Die Juden selbst sehen ihre Heilige Schrift nicht gerne als „Altes Testament" bezeichnet, weil sie das als eine Abwertung empfinden. Sie sprechen lieber von der „Tora" (Weisung). Wir sollten von der „Hebräischen Bibel" sprechen.

- *Ergänze die Schriften der christlichen Bibel! – Vergleiche, welche Bücher die hebräische und christliche Bibel gemeinsam haben. Kennzeichne die Übereinstimmung mit einer besonderen Farbe!*

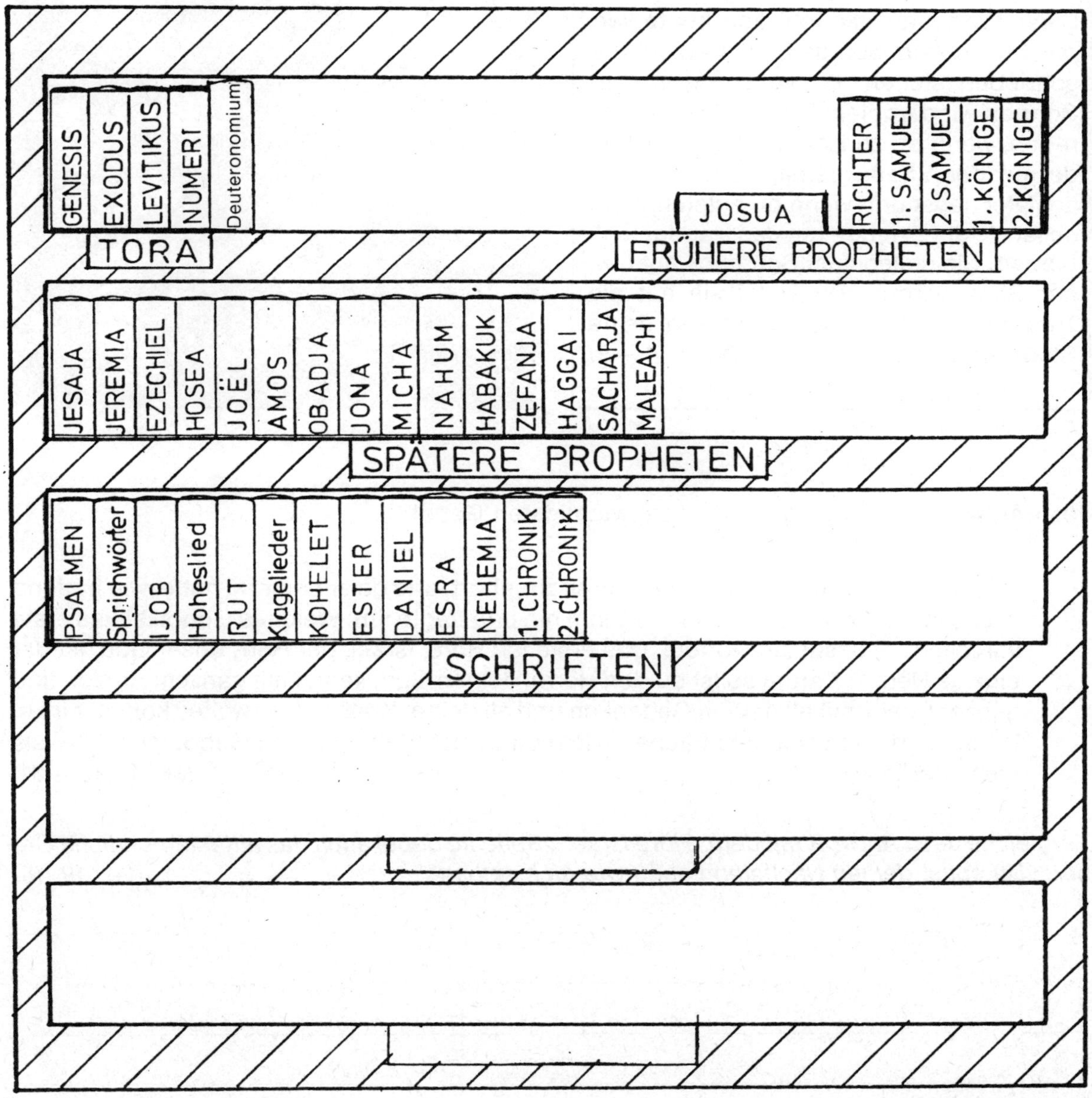

9 Der Glaube

Die Juden haben – anders als wir Christen – kein offizielles Glaubensbekenntnis (Credo), das uns sagen könnte, was für die jüdische Religion wichtig ist. Einen Zugang zu ihrem Glauben kann man finden, wenn man das Hauptgebet des Judentums betrachtet, das täglich zweimal gebetet wird:

שְׁמַע יִשְׂרָאֵל יְהוָה אֱלֹהֵינוּ יְהוָה ׀ אֶחָד׃

„Höre, Israel! Der Ewige, unser Gott, der Ewige ist einzig. Darum sollst du den Ewigen, deinen Gott, lieben mit ganzem Herzen, mit ganzer Seele und mit ganzer Kraft. Diese Worte, auf die ich dich heute verpflichte, sollen auf deinem Herzen geschrieben stehen. Du sollst sie deinen Söhnen wiederholen. Du sollst von ihnen reden, wenn du zu Hause sitzt und wenn du auf der Straße gehst, wenn du dich schlafen legst und wenn du aufstehst. Du sollst sie als Zeichen um das Handgelenk binden. Sie sollen zum Schmuck auf deiner Stirn werden. Du sollst sie auf die Türpfosten deines Hauses und in deine Stadttore schreiben." (Dtn 6, 4 – 9)

Jesu Antwort auf die Frage nach dem wichtigsten Gebot:

28 Ein Schriftgelehrter hatte ihrem Streit zugehört; und da er bemerkt hatte, wie treffend Jesus ihnen antwortete, ging er zu ihm hin und fragte ihn: Welches Gebot ist das erste von allen? 29 Jesus antwortete. Das erste ist: Höre, Israel, der Herr, unser Gott, ist der einzige Herr. 30 Darum sollst du den Herrn, deinen Gott, lieben mit ganzem Herzen und ganzer Seele, mit all deinen Gedanken und all deiner Kraft. 31 Als zweites kommt hinzu: Du sollst deinen Nächsten lieben wie dich selbst. Kein anderes Gebot ist größer als diese beiden. (Mk 12, 28 – 31)

Vergleiche Jesu Antwort mit dem „Höre Israel". Beachte dabei auch das alttestamentliche Gebot: „Du sollst deinen Nächsten lieben wie dich selbst!" (Lev 19, 18)

Die dreizehn Glaubensartikel

1. Ich bin vollkommen überzeugt, daß der Schöpfer, gelobt sei sein Name, alle Geschöpfe erschafft und führt, daß er allein alle Werke vollbracht hat, vollbringt und vollbringen wird.

2. Ich bin vollkommen überzeugt, daß der Schöpfer, gelobt sei sein Name, einzig ist, und daß es in keiner Beziehung eine Einigkeit gibt gleich ihm, daß er allein unser Gott war, ist und sein wird.

3. Ich bin vollkommen überzeugt, daß der Schöpfer, gelobt sei sein Name, kein Körper ist, daß auf ihn die Eigenschaften eines Körpers nicht anzuwenden sind, daß es nichts gibt, mit ihm zu vergleichen.

4. Ich bin vollkommen überzeugt, daß der Schöpfer, gelobt sei sein Name, allein vor allem war und nach allem sein wird.

5. Ich bin vollkommen überzeugt, daß zum Schöpfer, gelobt sei sein Name, allein es sich gebührt zu beten, und daß es sich nicht gebührt zu einem außer ihm zu beten.

6. Ich bin vollkommen überzeugt, daß alle Worte der Propheten Wahrheit.

7. Ich bin vollkommen überzeugt, daß die Prophetie unseres Lehrers Mosche, Friede sei mit ihm, wahrhaftig war, und daß er das Haupt war der Propheten, die vor ihm waren und die nach ihm kamen.

8. Ich bin vollkommen überzeugt, daß die ganze Lehre, die sich jetzt in unseren Händen befindet, unserem Lehrer Mosche, Friede sei mit ihm, übergeben worden ist.

9. Ich bin vollkommen überzeugt, daß diese Lehre nicht umgetauscht werden wird und keine andere Lehre kommen wird vom Schöpfer, gelobt sei sein Name.

10. Ich bin vollkommen überzeugt, daß der Schöpfer, gelobt sei sein Name, alle Werke der Menschenkinder und all ihre Gedanken kennt, denn es heißt: Der insgesamt ihr Herz gebildet, er durchschaut alle ihre Werke. (Psalm 33, 15)

11. Ich bin vollkommen überzeugt, daß der Schöpfer, gelobt sei sein Name, denen Gutes erweist, die seine Gebote hüten, und diejenigen bestraft, die seine Gebote übertreten.

12. Ich bin vollkommen von der Ankunft des Gesalbten überzeugt, und wenn er auch zögert, trotzdem hoffe ich täglich auf ihn, daß er kommen wird.

13. Ich bin vollkommen überzeugt, daß die Auferstehung der Toten sein wird zur Zeit, die wohlgefällig sein wird dem Schöpfer, gelobt sei sein Name und verherrlicht sein Gedenken immerfort und in alle Ewigkeit der Ewigkeiten.

Auf deine Hilfe hoffe ich, Ewiger!

Das Apostolische Glaubensbekenntnis

Ich glaube an Gott,
den Vater, den Allmächtigen,
den Schöpfer des Himmels
und der Erde,
und an Jesus Christus,
seinen eingeborenen Sohn,
unsern Herrn,
empfangen durch den Heiligen Geist,
geboren von der Jungfrau Maria,
gelitten unter Pontius Pilatus,
gekreuzigt, gestorben und begraben,
hinabgestiegen in das Reich
des Todes,
am dritten Tage auferstanden
von den Toten,
aufgefahren in den Himmel;
er sitzt zur Rechten Gottes,
des allmächtigen Vaters;
von dort wird er kommen,
zu richten die Lebenden
und die Toten.
Ich glaube an den Heiligen Geist,
die heilige christliche Kirche,
Gemeinschaft der Heiligen,
Vergebung der Sünden,
Auferstehung der Toten
und das ewige Leben.
Amen.

Die dreizehn Glaubensartikel des jüdischen Gelehrten Maimonides (1135 – 1204) versuchen jüdischen Glauben zusammenzufassen. Vergleiche sie mit dem Apostolischen Glaubensbekenntnis.

10 Feste und Feiern

Bei einer Bar-Mizwa-Feier

Vorgestern war Dan 13 Jahre alt geworden. Gestern war der entscheidende Tag: wenn ein jüdischer Junge 13 Jahre und 1 Tag alt geworden ist, dann ist er Bar Mizwa, d. h. „Sohn des Gesetzes". Von jetzt an hat er selbständig das jüdische Gesetz zu befolgen. Heute, am Schabbat danach, findet die große Feier statt, die Bar-Mizwa-Feier für Dan. Ein großer Tag! Von überall her sind Freunde und Verwandte nach Tel Aviv gekommen: von Jerusalem, von Haifa, ja sein Freund Bernd sogar aus Köln mit dem Flugzeug!

Schimschon, sein großer Bruder, ist Soldat: er hat Sonderurlaub bekommen, extra für Dans großen Tag. Seine Schwestern Rachel und Ruth haben ihre besten Kleider angezogen. Alle haben sich schön gemacht, und er selbst hat seinen neuen Anzug an.

Alles wäre wunderbar, wenn Dan nicht so aufgeregt wäre! Er ist so aufgeregt, weil gleich der Gottesdienst in der Synagoge beginnt. In diesem Gottesdienst wird er zum ersten Male aufgerufen werden, einige Zeilen aus der Tora vorzulesen. Dan hatte zwar fleißig das singende Lesen des Textes geübt, und es ging auch schon ganz gut – aber wie wird es sein, wenn die große, ehrwürdige Torarolle vor ihm liegt und so viele Leute zuhören?

„Du wirst es schon gut machen" – es war sein großer Bruder Schimschon, der ihm beruhigend auf die Schulter klopfte, als sie in die Synagoge kamen. Und so war es auch: Dan machte es gut, zwar mit Herzklopfen, aber gut. Als er fertig gelesen hatte, sprach der Rabbiner zu ihm: „Lieber Dan! Du bist nun Bar Mizwa. Für unsere Gemeinde giltst Du jetzt als Mann. Du weißt: mindestens 10 Männer müssen versammelt sein, damit ein Gottesdienst gefeiert werden kann. Von nun an wirst Du mitgezählt. Du bist Bar Mizwa: ein Sohn der Pflicht. Nach den Geboten, die der Herr, gelobt sei er, uns gegeben hat, hast Du zu leben. Eine freudige Pflicht ist das. Wer sie auf sich nimmt, ist wie ein Baum, der an Wasserbächen gepflanzt ist, mit vielen Früchten und immergrünen Blättern; und alles, was er tut, gerät ihm gut."

Weiter sagt ihm der Rabbiner, daß er von nun an beim Morgengebet die Tefillin (Gebetsriemen) anzulegen und die Tallit (Gebetsmantel) zu tragen hat. Auch das Fastengebot hat er zu halten und die Speisevorschriften zu beachten.

Dan antwortet mit dem „Höre Israel":

„Höre, Israel,
der Herr ist unser Gott, der Herr ist Einer.
Und du sollst den Herrn, deinen Gott, liebhaben
von ganzem Herzen, von ganzer Seele
und mit aller deiner Kraft."

Darauf segnet ihn der Rabbiner:

„Der Herr segne dich und behüte dich,
der Herr lasse sein Angesicht auf dich leuchten,
und sei dir gnädig,
der Herr wende sein Angesicht dir zu und schenke dir Schalom."

Froh und erleichtert kehrt Dan zu seinem Platz zurück. Vater drückt ihm warm die Hand. Seine Mutter kann Dan nicht sehen. Sie sitzt mit Rachel und Ruth auf der Frauenempore.

Zu Hause ist inzwischen der Mittagstisch mit Blumen und Kerzen festlich gedeckt. Gute Freunde aus der Nachbarschaft haben geholfen. Der Vater spricht einen Segensspruch und das Tischgebet. Alle gießen sich zweimal Wasser über ihre Hände und nehmen dann an der langen Tafel Platz. Nun kann das Festmahl beginnen. Es gibt Pute mit Reis und gemischten Salat, so wie Dan es sich gewünscht hatte. Auf das Wohl von Dan erheben alle ihr Glas Wein und prosten ihm zu: „Le Chaim!" Dann ist Dan noch einmal dran: er muß einen kleinen Vortrag halten über die Bibelverse, die er vorhin in der Synagoge gelesen hatte. Ein Bar Mizwa muß das können! Jetzt hören und sehen es alle: Dan ist wirklich ein Bar Mizwa!

1. Welche Rechte und Pflichten hat Dan als Bar Mizwa?

____

____

2. Es gibt ein christliches Fest, das mit der Bar-Mizwa-Feier verglichen werden kann. Beschreibe Gemeinsamkeiten und Unterschiede!

____

____

____

____

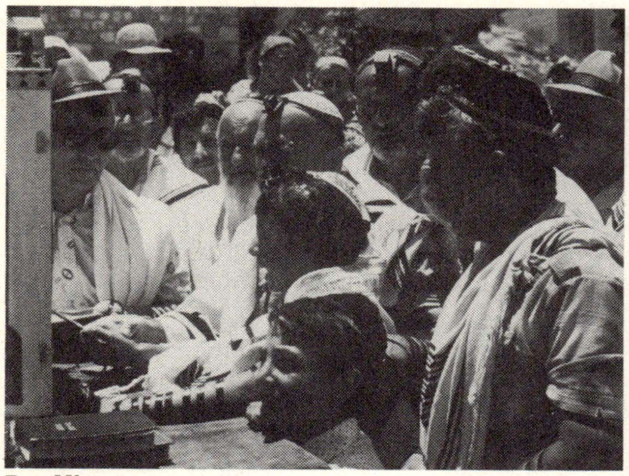
Bar Mizwa

Sabbat

Sukkot

Chanukka

Purim

Rosch Haschana

Schalom ben Chorin:

FESTE UND FEIERN DER JUDEN

Die wichtigsten Feste des jüdischen Mondjahres sind im 3. Buch Mose, Kapitel 23, zusammengefaßt. Zu diesen ältesten Festzeiten kamen im Laufe der Geschichte noch einige Feiertage hinzu, auch manche in der Bibel noch nicht erwähnte Familienfeste.

Der Sabbat: Der vornehmste der Feiertage ist der wöchentliche Sabbat. An ihm soll der Mensch nach den sechs Tagen der Woche ruhen, so wie sich Gott selbst am siebenten Tage vom Sechstagewerk der Schöpfung ausruhte. In der Erstfassung der Zehn Gebote (2. Mose, 20) wird dieser Gesichtspunkt herausgestellt, während in der Zweitfassung (5. Mose, 5) die soziale Seite betont ist: Du selbst warst Sklave in Ägypten, deshalb sollst nicht nur du, sondern auch dein Knecht und deine Magd und der Fremdling, der in deinen Toren weilt, an diesem Tage ruhen.

Der Sabbat beginnt wie jeder jüdische Feiertag am Vorabend, also am Freitagabend, und er endet mit Einbruch der Nacht am Samstagabend. Synagogale Gottesdienste und häusliche Feiern (Segen über Wein und Brot) gestalten diesen Tag festlich. Das strenge Arbeitsverbot und das Verbot des Feuermachens garantieren die Sabbatruhe. Auch der öffentliche Verkehr ruht wie an den Hauptfeiertagen.

Wallfahrtsfeste: Drei Hauptfeste waren in biblischer Zeit mit Wallfahrten nach Jerusalem verbunden:

Pessach, Passah oder Paschah, das Überschreitungsfest, das an den Auszug aus Ägypten erinnert. Es wird vom 14. bis 21. Nissan (März/April) gefeiert, alles Gesäuerte ist streng verboten, und es dürfen statt Brot nur Matzen (ungesäuertes Brot) genossen werden. Am ersten Abend des Festes findet eine große Familienfeier, der Seder-Abend, statt, wobei unter Wein und Gesang und mit symbolischen Gerichten des Exodus gedacht wird. Pessach gilt zugleich auch als Frühlingsfest.

Schawuot, das Wochenfest, findet sieben Wochen nach Passah statt und ist das Urbild des christlichen Pfingstfestes, so wie Passah mit Ostern zusammenhängt. Es wird am 6. Siwan (Mai/Juni) begangen. Ursprünglich Erntefest der Erstlingsfrüchte, wurde später daraus das Fest der Offenbarung der Zehn Gebote. Auch das Buch Ruth wird an diesem Tag verlesen.

Sukkot, das Laubhüttenfest, ist das dritte der Wallfahrtsfeste und wird im Herbst, vom 15. bis 22. Tischri (September/Oktober), durch Wohnen in Laubhütten und mit Gebeten sowie einem Feststrauß gefeiert. Der letzte und achte Tag wird als Tag der Freude an der Thora, dem Gesetz des Mose, freudig begangen. Das Laubhüttenfest erinnert an die vierzigjährige Wüstenwanderung Israels und ist zugleich ein Erntefest.

Die Hohen Feiertage, die ehrfurchtgebietenden Tage: **Neujahr, Rosch Haschana,** am 1. und 2. Tischri (September/Oktober). Im Mittelpunkt der Liturgie steht das Blasen des Schofars, eines Widderhorns, das an das göttliche Gericht und an die Opferung Isaaks erinnert. Der Neujahrstag wird als ernster Tag des Gerichtes begangen.

Versöhnungstag, Jom Kippur, ist der Tag des langen Fastens am 10. Tischri (September/Oktober), mit dem Neujahrstag durch die Zehn Bußtage verbunden. An diesem ernstesten, heiligsten Tag des jüdischen Jahres ist die Gemeinde Israels von Abend bis Abend in Fasten und Gebet versammelt und steht in Sterbegewändern vor Gott.

Historische Feste:
Chanukka, das Tempelweihfest, währt acht Tage vom 25. Kislew (Dezember) an und erinnert an die Tempelreinigung unter Judas Makkabäus (167 v. Chr.) und ein damit verbundenes Ölwunder am Tempelleuchter. Es ist ein fröhliches Fest ohne Arbeitsverbot. Allabendlich wird ein Licht mehr entzündet, so daß am letzten Abend acht Flammen brennen; in Israel auch auf allen öffentlichen Gebäuden.

Purim, das Losfest, erinnert an die Errettung der Juden im persischen Großreich (um 480 v. Chr.) von der Hand des bösen Haman durch die schöne jüdische Königin Esther, wie es im Esther-Buch der Bibel beschrieben wird, das die Lesung des Tages beherrscht. Es wird Losfest genannt, da das Los auf den 14. Adar (März) zur Vernichtung der Juden fiel, die sich in wunderbare Rettung verwandelte. Das Fest hat im Laufe der Zeit karnevalistische Züge angenommen

Jom Haazmaut, der Unabhängigkeitstag Israels, ist der jüngste jüdische Feiertag und erinnert an die Staatsgründung am 5. Ijar (14. Mai 1948). In den Synagogen werden die Dankpsalmen 113 – 118 rezitiert, wie an den Wallfahrtsfesten und Neumondstagen. Der Tag ist oft durch weltliche Veranstaltungen von der Militärparade bis zum Picknick gekennzeichnet.

Suche zu den jüdischen Festen christliche Entsprechungen. Benutze dazu folgendes Schema:

jüdisches Fest		christliches Fest	
Bezeichnung	Bedeutung	Bezeichnung	Bedeutung

11 Beten

Das Vaterunser hat viele Ähnlichkeiten mit jüdischen Gebeten. Versuche Gemeinsamkeiten, aber auch Unterschiede herauszuarbeiten. Schreibe direkte Entsprechungen mit einer Farbe, Berührungen und Ähnlichkeiten mit einer anderen Farbe neben die entsprechende Bitte im Vaterunser.

Zum Vergleich mit dem Vaterunser wird das Kaddischgebet herangezogen. Von dem sogenannten Achtzehngebet können nur einige Bitten wiedergegeben werden, weil dieses Gebet zu umfangreich ist.

Christen	Juden
Vater unser im Himmel	______________
Geheiligt werde Dein Name	______________
Dein Reich komme	______________
Dein Wille geschehe wie im Himmel so auf Erden	______________ ______________
Unser tägliches Brot gib uns heute	______________ ______________
Und vergib uns unsere Schuld Wie auch wir vergeben unsern Schuldigern	______________ ______________ ______________
Und führe uns nicht in Versuchung, sondern erlöse uns von dem Bösen	______________ ______________ ______________
Denn Dein ist das Reich und die Kraft und die Herrlichkeit in Ewigkeit. Amen.	______________ ______________ ______________

Das Kaddisch

Erhoben und geheiligt werde sein großer Name in der Welt, die er nach seinem Willen erschaffen,
und sein Reich erstehe in eurem Leben und in euren Tagen und dem Leben des ganzen Hauses Israel schnell und in naher Zeit; sprechet Amen!
Sein großer Name sei gepriesen in Ewigkeit und Ewigkeit der Ewigkeiten!
Gepriesen sei und gerühmt und verherrlicht und erhoben und erhöht und gefeiert und hocherhoben und gepriesen der Name des Heiligen, gelobt sei er, hoch über jedem Lob und Gesang; Verherrlichung und Trostverheißung, die je in der Welt gesprochen wurde; sprechet: Amen!
Möge Erhörung finden das Gebet und die Bitte von ganz Israel vor seinem Vater im Himmel; sprechet: Amen!

Das Achtzehn-Gebet (Schmone Esre)

– Du bist heilig, dein Name ist heilig, und die Heiligen loben dich jeden Tag. Gepriesen seist du, Ewiger, heiliger Gott.

– Vergib uns, unser Vater, denn wir haben gesündigt, verzeih uns unser König, denn wir sind voller Schuld; voller Vergebung bist du und verzeihst. Gepriesen seist du, Ewiger, Gnädiger, der so oft vergibt.

– Sieh unsere Armut, streite unsern Streit, erlöse uns um deines Namens willen in Bälde, denn ein starker Erlöser bist du: Gepriesen seist du Ewiger, der Israel erlöst.

– Segne uns, Herr, unser Gott, dieses Jahr und segne alle Arten seines Ertrages zum Guten, gib Segen auf die Erde, sättige uns mit deinem Gut, und segne unser Jahr wie die guten Jahre. Gepriesen seist du Ewiger, der die Jahre segnet.

1. *Können Christen und Juden das Vaterunser gemeinsam beten?*
2. *Stellt euch vor, ihr sollt einen christlich-jüdischen Wortgottesdienst vorbereiten. Sucht im Gesangbuch geeignete Lieder und Gebete zusammen!*

WAS ZUR TRENNUNG FÜHRTE

12 Die Messiasfrage

Christen beider Konfessionen werfen den Juden vor, daß sie Jesus nicht als den erwarteten Messias anerkennen. Diese Haltung wird in einem Gebet sichtbar, das im Karfreitagsgottesdienst bis 1959 im Gebrauch war. – Daneben siehst du die inzwischen veränderte Fassung des Fürbittgebetes.

Lasset uns beten für die ungläubigen Juden: Gott, unser Herr, möge den Schleier von ihren Herzen wegnehmen, auf daß auch sie unsern Herrn Jesus Christus erkennen. Allmächtiger ewiger Gott, Du schließest sogar die ungläubigen Juden von Deiner Erbarmung nicht aus: erhöre unsre Gebete, die wir ob der Verblendung jenes Volkes vor dich bringen: Möchten sie das Licht deiner Wahrheit, welches Christus ist, erkennen und ihrer Finsternis entrissen werden. Durch Ihn, unsern Herrn. Amen.	Lasset uns beten für die Juden, zu denen Gott zuerst gesprochen hat: daß sie seinen Namen immer mehr lieben und in Treue fortschreiten auf dem Weg, den sein Bund ihnen gewiesen hat. Allmächtiger, ewiger Gott, Du hast Abraham und seinen Kindern Deine Verheißung gegeben. Wir bitten Dich für das Volk, das Du Dir von alter Zeit her zu eigen erwählt hast: Laß es zur Fülle des Heils gelangen. Durch Christus, unsern Herrn. Amen.

1. Vergleiche die beiden Fürbittgebete! Welche Änderungen erkennst du? Was besagen sie?

2. Setze die Aussagen der Gebete in Beziehung zur Darstellung von Kirche und Synagoge am Straßburger Münster! – Welchen Ausdruck haben die gegen die Juden erhobenen Vorwürfe dort gefunden?

Die Ankündigung des messianischen Reiches

Jes 11, 1 – 10. 1 Doch aus dem Baumstumpf Isais wächst ein Reis hervor, ein junger Trieb aus seinen Wurzeln bringt Frucht. 2 Der Geist des Herrn läßt sich nieder auf ihm: der Geist der Weisheit und der Einsicht, Geist des Rates und der Stärke, der Geist der Erkenntnis und der Gottesfurcht. 3 (Er erfüllt ihn mit dem Geist der Gottesfurcht.) Er richtet nicht nach dem Augenschein, und nicht nur nach dem Hörensagen entscheidet er, 4 sondern er richtet die Hilflosen gerecht und entscheidet für die Armen des Landes, wie es recht ist. Er schlägt den Gewalttätigen mit dem Stock seines Wortes und tötet den Schuldigen mit dem Hauch seines Mundes. 5 Gerechtigkeit ist der Gürtel um seine Hüften, Treue der Gürtel um seinen Leib. 6 Dann wohnt der Wolf beim Lamm, der Panther liegt beim Böcklein. Kalb und Löwe weiden zusammen, ein kleiner Knabe kann sie hüten. 7 Kuh und Bärin freunden sich an, ihre Jungen liegen beieinander. Der Löwe frißt Stroh wie das Rind. 8 Der Säugling spielt vor dem Schlupfloch der Natter, das Kind streckt seine Hand in die Höhle der Schlange. 9 Man tut nichts Böses mehr und begeht kein Verbrechen auf meinem ganzen heiligen Berg: denn das Land ist erfüllt von der Erkenntnis des Herrn, so wie das Meer mit Wasser gefüllt ist. 10 An jenem Tag wird es der Sproß aus der Wurzel Isais sein, der dasteht als Zeichen für die Nationen: die Völker suchen ihn auf: sein Wohnsitz ist prächtig.

Ein Weihnachtslied

Es ist ein Ros entsprungen,
aus einer Wurzel zart,
Wie uns die Alten sungen,
von Jesse (Isai) kam die Art
und hat ein Blümlein bracht,
mitten im kalten Winter,
wohl zu der halben Nacht.

Das Röslein, das ich meine,
davon Jesaja sagt,
hat uns gebracht alleine,
Marie die reine Magd;
aus Gottes ewgem Rat,
hat sie ein Kind geboren,
wohl zu der halben Nacht.

Das Blümelein so kleine,
das duftet uns so süß,
mit seinem hellen Scheine,
vertreibts die Finsternis,
Wahr' Mensch und wahrer Gott,
hilft uns aus allem Leide,
rettet von Sünd und Tod.

Eine jüdische Legende

Ein frommer Rabbi wurde in seinem Studium der heiligen Bücher unterbrochen, als ein aufgeregter Schüler in den Raum stürmte und rief: „Meister, der Messias ist gekommen!" Der Rabbi erhob sich und sah aus dem Fenster. Nach einer Weile murmelte er: „Nichts hat sich geändert", und kehrte zu seinem Studium zurück . . .

1. *Wie stellt sich Jesaja das messianische Friedensreich vor? Nenne einige Merkmale!*

2. Wie versteht das Weihnachtslied die Weissagung?

3. *Der Rabbi glaubt nicht, daß der Messias gekommen ist. Welche Erwartung verbindet er mit seiner Ankunft?*

13 Die Frage nach der Schuld am Tode Jesu

Die folgende Geschichte spielt im Prag des 16. Jahrhunderts. Wie in vielen europäischen Städten lebten auch dort die Juden damals in eigenen Wohnbezirken, den sogenannten Ghettos. Es gab nur wenig Kontakte zu den christlichen Mitbürgern.

Sulamith Ish-Kishor: Vor dem Ghetto

Am liebsten stahlen wir Jungen uns davon und besuchten Prag, besonders zur Zeit der Kirchweih. Wir hatten wohl einige Heller gespart für Printen und Bier. Aber wenn wir in der Stadt waren und all die hübschen jungen Mädchen lachend vorbeigehen sahen, kam es schließlich doch dahin, daß wir ihnen lustige Schleifen und Zuckerstangen kauften. Manchmal spazierten wir über die Brücke bis dicht an die Tore des Ghettos, wo wir alte, faltengesichtige Juden durch die halbdunklen Gassen huschen sahen. Mit ihren steifen Kappen und langen Gewändern sahen sie seltsam düster und traurig und fremd aus. Wir Jungen vergnügten uns damit, durch die offenen Tore Steine auf sie zu werfen, und wir wetteten, daß wir bei fünf Würfen jeden dreimal treffen würden.

Ludvic – einer von uns Küchenjungen – bekam eines Tages einen bösen Schreck. Er warf am schlechtesten von allen und traf kaum einmal. Schließlich wurde er durch anfeuernde Neckerei der anderen zur Wut gereizt. Er hob einen großen Stein auf, zielte lange und sorgfältig und schleuderte ihn einem alten Juden so an die Stirn, daß der Greis sofort blutete. Wir beglückwünschten Ludvic zu dem Treffer und klopften ihm auf die Schulter. Er stand grinsend da. Wir alle wollten nun mitansehen, wie der alte Jude rasch davonhumpeln würde.

Aber statt dessen kam er auf uns zu. Wir waren ziemlich in Angst, besonders Ludvic, weil wir glaubten, der spindeldürre Alte würde uns mit einem furchtbaren Bannspruch verzaubern. Uns allen war nach Davonrennen zumute, aber da wir uns dann voreinander geschämt hätten, blieben wir stehen. Es dauerte lange, bis der Jude bei uns war. Er hatte schwarzes Haar und dichte Brauen und die seltsamen schwarzen Ohrlocken und einen langen angegrauten Bart. Sein Gesicht war gelblich und zerknittert, und ein rotes Rinnsal sickerte von der Stirn und fing sich in seiner buschigen Augenbraue. Als er heran war, schaute er uns mit solch einem klagenden, sanften Ausdruck an, daß Ludvic wieder dreist wurde und rief: „Der Christusmörder kommt! Der Christusmörder kommt! Buuuh!"

Der alte Mann blieb dicht vor Ludvic stehen und sagte ruhig: „Mein Junge, ich bete für dich. Du sollst so lange leben, daß das Blut, das man dir eines Tages nehmen wird, so alt ist wie meins."

Wir schauten uns verwirrt an. Ludvic wurde feuerrot. Seine Lippen waren zusammengepreßt. Sein Atem ging heftig. „War das ein Fluch, Thomas?" jammerte er. „Wenn mich der Alte nur nicht verflucht hat! Diese Juden können tausend Jahre leben durch ihren Zauber, und dann kriegt der Teufel ihre Seelen dafür! Geht es mir jetzt auch so, Thomas?"

„Ich weiß nicht", sagte ich. „Und wenn, dann haben andere Leute mehr darunter zu leiden als du!" Alles lachte, und Ludvic sagte: „Ich ärgere mich jetzt, daß ich dem Alten nicht die Ohrlocken langgezogen habe. Wäre er nur noch etwas länger stehengeblieben, dann hätte ich es getan."

1. Wie verhält sich der Junge? Suche nach Gründen für sein Verhalten?

____

____

____

2. Wie verhält sich der alte Jude?

____

____

____

- In manchen Orten war es üblich, daß Juden während der Karwoche öffentlich geohrfeigt wurden.
- Während der Osterzeit wurden die Tore der Ghettos von Gründonnerstag an streng geschlossen gehalten, und kein Jude durfte sich in den Straßen zeigen.
- In der Passionszeit wurden häufig Gerüchte über Hostienfrevel verbreitet. Sie boten Anlaß für Gewalttätigkeiten gegen Juden.
- Wenn Juden früher die Grenzen der zahllosen Kleinstaaten überschreiten wollten, mußten sie oft an jedem Zollhaus ein Würfelspiel oder eine gleichwertige Geldsumme abliefern. Diese Maßnahme war als Strafe dafür gedacht, daß sie einst um die Kleider Christi das Los geworfen hätten. (In Wirklichkeit waren es die römischen Soldaten!)

Aus den Kreisen der Wormser Juden stammt die Legende, ihre Vorfahren hätten mit einem Sendschreiben an Pontius Pilatus gegen die Hinrichtung Jesu Christi protestiert.

Erkläre die Entstehung dieser Legende!

Bis in unsere Zeit hinein hat man gegen die Juden die Anklage des Gottesmordes erhoben. Man gab ihnen die Schuld am Tode Jesu. Es ist zwar wahrscheinlich, daß führende jüdische Kreise bei der Verurteilung Jesu mitgewirkt haben, die Hinrichtung selbst aber erfolgte zweifellos durch die Römer. Die Tatsache, daß Jesus gekreuzigt und nicht etwa (wie bei den Juden üblich) gesteinigt wurde, zeigt, daß die letzte Entscheidung bei den Römern lag. Sie sahen in Jesus vermutlich einen gefährlichen politischen Aufrührer. Aus diesem geschichtlichen Sachverhalt folgt:
- Nur wenige Juden waren an der Verurteilung Jesu beteiligt. Wahrscheinlich waren nur Mitglieder des Hohen Rates und die führenden Priester in Jerusalem am Tod Jesu interessiert.
- Die meisten Juden hatten keine Kenntnis von der Verurteilung Jesu und schon gar keinen Einfluß auf sein Schicksal. Vor allem ist unwahrscheinlich, daß die Pharisäer auf eine Tötung Jesu gedrungen haben sollten.
- Völlig abwegig ist es, heute lebenden Juden die Schuld am Tode Jesu zu geben.

„Oh! Erni", sagte Golda, „du kennst sie doch, sag mir, warum sind die Christen so böse auf uns? Dabei sehen sie nett aus, wenn man sie ohne Stern anschaut."

Ernst schlang Erni seinen Arm um Goldas Schultern. „Das ist sehr geheimnisvoll", murmelte er auf jiddisch, „sie wissen es selber nicht genau. Ich bin in ihren Kirchen gewesen und habe ihre Evangelien gelesen. Weißt du, wer Christus war? Ein gewöhnlicher Jude wie dein Vater, eine Art Chassid."

Golda lächelte sanft. „Du machst Dich lustig", sagte sie. „Doch, doch, glaub mir, und ich wette sogar, daß sie sich alle beide gut verstanden hätten, denn er war wirklich ein guter Jude, weißt du, in der Art vom Baal Schem Tow: ein Barmherziger, ein Sanfter. Die Christen sagen, daß sie ihn lieben, aber ich glaube, sie hassen ihn, ohne es zu wissen. Und deshalb nehmen sie das Kreuz am andern Ende und machen ein Schwert daraus und schlagen uns damit! Verstehst du, Golda", rief er plötzlich erregt, *„sie nehmen das Kreuz und drehen und drehen es um, mein Gott* . . . Der arme Jesuah, wenn er auf die Erde zurückkäme und sähe, daß die Heiden aus ihm ein Schwert gegen seine Brüder und Schwestern gemacht haben, wäre er traurig, unermeßlich traurig. Und vielleicht sieht er es, denn man sagt, daß gewisse Gerechte an der Tür des Paradieses stehenbleiben. Sie wollen die Menschen nicht vergessen und warten auch auf den Messias. Ja, vielleicht sieht er es, wer weiß . . . Verstehst du, Goldele, er war ein kleiner Jude wie sie bei uns zulande sind . . . ein richtiger kleiner Gerechter, weißt du, nicht mehr und nicht weniger als . . . alle unsere Gerechten.

Wie werden die Christen im Verhältnis zu Jesus gesehen?

Wie werden die Juden im Verhältnis zu Jesus gesehen?

Paulus schreibt im Römerbrief: „Vielmehr kam durch ihr Versagen das Heil zu den Heiden . . . Wenn aber schon durch ihr Versagen die Welt und durch ihr Verschulden die Heiden reich werden, dann wird das erst recht geschehen, wenn ganz Israel zum Glauben kommt."

Deute mit diesem Satz die Bilder! (Röm 11, 11 f)

AUF DEM WEG ZUEINANDER

14 Der Bund ist nicht gekündigt

Das Christentum ist aus dem Judentum hervorgegangen als neue Gemeinschaft, die bald zu einer mächtigen Religion wurde. Diese Spaltung ist für beide Teile verhängnisvoll geworden. Die Kirche sah sich als das neue und wahre Israel an, das das alte Gottesvolk überwunden, abgelöst und beerbt habe. Obwohl beide sich voneinander unterscheiden, haben sie doch so viele Gemeinsamkeiten, daß man die Frage stellen muß, ob sie beide nicht doch auf eine einzigartige Weise zusammengehören.

Martin Buber: Die Gottestore sind offen für alle

Ich lebe nicht fern von der Stadt Worms, an die mich auch eine Tradition meiner Ahnen bindet; und ich fahre von Zeit zu Zeit hinüber. Wenn ich hinüberfahre, gehe ich immer zuerst zum Dom. Das ist eine sichtbar gewordene Harmonie der Glieder, eine Ganzheit, in der kein Teil aus der Vollkommenheit wankt. Ich umwandle schauend den Dom mit einer vollkommenen Freude. Dann gehe ich zum jüdischen Friedhof hinüber. Der besteht aus schiefen, zerspellten, formlosen, richtungslosen Steinen. Ich stelle mich darein, blicke von diesem Friedhofgewirr zu der herrlichen Harmonie empor, und mir ist, als sähe ich von Israel zur Kirche auf. Da unten hat man nicht ein Quentchen Gestalt; man hat nur die Steine und die Asche unter den Steinen. Man hat die Asche, wenn sie sich auch noch so verflüchtigt hat. Man hat die Leiblichkeit der Menschen, die dazu geworden sind. Man hat sie. Ich habe sie. Ich habe sie nicht als Leiblichkeit im Raum dieses Planeten, aber als Leiblichkeit meiner eigenen Erinnerung bis in die Tiefe der Geschichte, bis an den Sinai hin. Ich habe da gestanden, war verbunden mit der Asche und quer durch sie mit den Urvätern. Das ist Erinnerung an das Geschehen mit Gott, die allen Juden gegeben ist. Davon kann mich die Vollkommenheit des christlichen Gottesraums nicht abbringen, nichts kann mich abbringen von der Gotteszeit Israels.

Ich habe da gestanden und habe alles selber erfahren, mir ist all der Tod widerfahren: all die Asche, all die Zerspelltheit, all der lautlose Jammer ist mein; aber der Bund ist mir nicht aufgekündigt worden. Ich liege am Boden, hingestürzt wie diese Steine. Aber aufgekündigt ist mir nicht. Der Dom ist, wie er ist. Der Friedhof ist, wie er ist. Aber aufgekündigt ist uns nicht worden.

Wie sieht Martin Buber das Verhältnis von Juden und Christen zueinander?

15 Edler und wilder Ölbaum

In seinem Brief an die Römer versucht der Apostel Paulus die geheimnisvolle Zusammengehörigkeit von Juden und Christen im göttlichen Heilspan zu deuten. Er verwendet dabei das Bild vom „edlen Ölbaum“ für Israel und vom „wilden Ölbaum“ für die Heiden.

[13]Euch, den Heiden, sage ich: Gerade als Apostel der Heiden preise ich meinen Dienst, [14]weil ich hoffe, die Angehörigen meines Volkes eifersüchtig zu machen und wenigstens einige von ihnen zu retten. [15]Denn wenn schon ihre Verwerfung für die Welt Versöhnung gebracht hat, dann wird ihre Annahme nichts anderes sein, als Leben aus dem Tod. [16]Ist die Erstlingsgabe vom Teig heilig, so ist es auch der ganze Teig; ist die Wurzel heilig, so sind es auch die Zweige. [17]Wenn aber einige Zweige herausgebrochen wurden und wenn du als Zweig vom wilden Ölbaum in den edlen Ölbaum eingepfropft wurdest und damit Anteil erhieltest an der Kraft seiner Wurzel, [18]so erhebe dich nicht über die anderen Zweige. Wenn du es aber tust, sollst du wissen: Nicht du trägst die Wurzel, sondern die Wurzel trägt dich. [19]Nun wirst du sagen: Die Zweige wurden doch herausgebrochen, damit ich eingepfropft werde. [20]Gewiß, sie wurden herausgebrochen, weil sie nicht glaubten. Du aber stehst an ihrer Stelle, weil du glaubst. Sei daher nicht überheblich, sondern fürchte dich! [21]Hat Gott die Zweige, die von Natur zum edlen Baum gehören, nicht verschont, so wird er auch dich nicht verschonen. [22]Erkenne die Güte Gottes und seine Strenge! Die Strenge gegen jene, die gefallen sind, Gottes Güte aber gegen dich; sofern du in seiner Güte bleibst; sonst wirst auch du herausgehauen werden. [23]Ebenso werden auch jene, wenn sie nicht am Unglauben festhalten, wieder eingepfropft werden; denn Gott hat die Macht, sie wieder einzupfropfen. [24]Wenn du aus dem von Natur wilden Ölbaum herausgehauen und gegen die Natur in den edlen Ölbaum eingepfropft wurdest, dann werden erst recht sie als die von Natur zugehörigen Zweige ihrem eigenen Ölbaum wieder eingepfropft werden. (Röm 11, 13 - 24)

1. Kirche und Israel gehören zusammen. Wie sieht Paulus ihre Beziehung zueinander? (Beachte dazu das Bekenntnis der Synode der Evang. Kirche im Rheinland)

Wir bekennen uns zu Jesus Christus, dem Juden, der als Messias Israels Retter der Welt ist und die Völker der Welt mit dem Volk Gottes verbindet.

Wir glauben die bleibende Erwählung des jüdischen Volkes als Gottes Volk und erkennen, daß die Kirche durch Jesus Christus in den Bund Gottes mit seinem Volk hineingenommen ist.

2. Entwerft ein Symbol für die enge Zusammengehörigkeit von Christen und Juden!

Symbol für das Judentum: 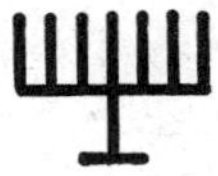 *Symbol für das Christentum:* 

16 Das Gleichnis von den kostbaren Steinen

Einst ließ König Pedro der Ältere einen jüdischen Weisen, Ephraim ben Sancho, zu sich rufen. Er fragte ihn: „Welche ist, nach deiner Meinung, die bessere Religion, die Religion Jesu oder die deine?“ Der Weise gab zur Antwort: „Meine Religion ist die bessere für mich, wenn ich meine Lage betrachte: Sklave war ich in Ägypten, und Gott hat mich wunderbar daraus befreit. Aber Eure Religion ist besser für Euch, da sie immer die herrschende war.“ Da sagte der König: „Meine Frage bezieht sich auf die Religionen selbst, ohne Rücksicht auf ihre Anhänger.“

Der Weise bedachte sich und sagte: „ Wenn es gestattet ist, so will ich drei Tage darüber nachdenken und dann meinem Herrn Antwort geben.“ Der König stimmte zu.

Nach drei Tagen kehrte der Weise zurück und schien verstört und niedergeschlagen. Der König fragte nach dem Grund dieser Stimmung, und der Weise antwortete: „Ich bin heute ganz ohne Grund beleidigt worden, und ich komme zu Euch, Herr, damit Ihr Recht sprecht. Folgendes ist geschehen: Vor einem Monat trat mein Nachbar eine lange Reise an. Um seine beiden Söhne darüber zu trösten, ließ er ihnen zwei kostbare Steine. Nun kamen die Brüder zu mir, um sich nach dem Wert der Steine und dem Unterschied zwischen ihnen zu erkundigen. Ich sagte ihnen: „Wer wüßte das besser als Euer Vater, der Lapidario, eine große Autorität für kostbare Steine. Schickt nach ihm und er wird Euch die Wahrheit sagen.“ Daraufhin schlugen und beleidigten sie mich.“

Der König sprach: „Sie haben falsch gehandelt und verdienen bestraft zu werden.“

Da entgegnete ihm der Weise: „Oh, unser König, achtet auf das, was Ihr gerade gesagt habt! Seht, Esau und Jakob waren Brüder, und jeder von ihnen hat einen kostbaren Stein erhalten. Nun hat unser Herr nach dem besseren Stein gefragt. Möge er einen Boten zu unserem Vater im Himmel senden, zum großen Lapidario – er wird gewiß den Unterschied zwischen den beiden erklären können.“

„Christen und Juden sind wahrhaft Brüder im Glauben“ (Papst Johannes XXIII.).

„Vor Gott sind so die beiden, Jude und Christ, Arbeiter am gleichen Werk“ (Franz Rosenzweig).

„Eine ökumenische Versammlung, aus der die Juden ausgeschlossen sind, wäre keine christliche, sondern eine heidnische Versammlung“ (Karl Barth).